Dein Selbstwertjournal

für mehr Selbstbewusstsein und
ein starkes Selbstwertgefühl

Notiere, was du ausprobiert und
gelernt hast, damit du später deine
Fortschritte noch einmal nachlesen kannst.
Denn Selbstwertgefühl entsteht
im Rückblick.

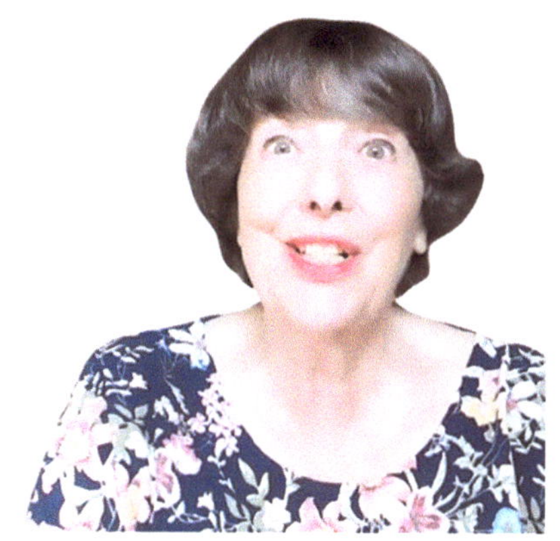

Einstieg

Dieses Notizbuch ist der ideale Begleiter des Buches „Das Beste für ein starkes Ich". Hier kannst du alle deine Gedanken festhalten, die dir beim Lesen der Texte in den Sinn kommen und notieren, welche Fortschritte du beim Umsetzen der Übungen gemacht hast. Für jedes Kapitel des Buches findest du hier im Notizbuch zwei Seiten, illustriert mit den inspirierenden Collagen, die ebenfalls im Buch abgebildet ist. Gerade diese humorvollen Tierbilder werden es dir leicht machen, dich mit dem eigenen Selbstwertgefühl auseinanderzusetzen.

Wenn du deine Entwicklung bewusst festhältst, wirst du erkennen, wie du dich weiterentwickelt hast.

Denn Selbstwertgefühl entsteht im Rückblick und im Vergleich mit dir selbst: Wo war ich vor einer Woche, einem Monat, einem Jahr?

Ich wünsche dir viel Spaß und
eine gute Entwicklung.

Inhalt

Journal zum Buch „Das Beste für ein starkes Ich"

Dein Ballon

Stell dir vor, du hast die Aufgabe, einen Ballon
so weit aufzublasen, wie es zu deinem Selbstwertgefühl passt.
Wie groß wäre er dann?

Zeichne deine Vorstellung vom Ballon auf die nächste Seite
und beginne dann mit den Übungen aus dem Buch. Schau dein
Bild im Laufe der Zeit immer mal wieder an und du wirst
erleben, dass dich dein erster Ballon zum Lächeln bringt.
Jetzt müsste ich ihn mehr aufblasen, wird dir durch den Kopf
gehen. Wunderbar, du bist auf einem guten Weg.

Wenn du am Ende des Buches angelangt bist oder zumindest
die Themen und Übungen durchgearbeitet hast, die für dich
wichtig sind, geh auf die letzte Seite des Selbstwert-Journals
und zeichne deinen Ballon erneut. Wie groß ist er jetzt?

Der Ballon darf allerdings nicht zu viel Luft bekommen,
sondern platzt er. Auch dein Selbstwertgefühl darf nicht so
groß werden, um dein Umfeld zu übertrumpfen. Ein Mensch
mit einem gesunden Selbstwertgefühl erkennt und achtet seine
eigenen Stärken, akzeptiert und respektiert aber auch andere
Menschen.

Journal zum Buch „Das Beste für ein starkes Ich"

Dein Ballon

Journal zum Buch „Das Beste für ein starkes Ich"

Journal zum Buch „Das Beste für ein starkes Ich"

Spieglein, Spieglein

Spieglein, Spieglein

Journal zum Buch „Das Beste für ein starkes Ich“

Deine Stärken

Journal zum Buch „Das Beste für ein starkes Ich"

Deine Stärken

Journal zum Buch „Das Beste für ein starkes Ich"

Vergleich dich –
Vergleich dich nicht

Vergleich dich –
Vergleich dich nicht

Journal zum Buch „Das Beste für ein starkes Ich"

Deine Werte

Journal zum Buch „Das Beste für ein starkes Ich"

Deine Werte

Journal zum Buch „Das Beste für ein starkes Ich"

Was ist dein Ziel?

Journal zum Buch „Das Beste für ein starkes Ich"

Was ist dein Ziel?

Journal zum Buch „Das Beste für ein starkes Ich"

Tu dir gut

Journal zum Buch ,,Das Beste für ein starkes Ich''

Tu dir gut

Oh, ein Kompliment

Du bist wunderschön!

Oh, ein Kompliment

Journal zum Buch „Das Beste für ein starkes Ich"

Es könnte doch klappen

Immer dieser Zweifel

Immer dieser Zweifel

Journal zum Buch „Das Beste für ein starkes Ich"

Sag Nein!

Nein heißt Nein

Sag Nein!

Journal zum Buch „Das Beste für ein starkes Ich"

Ein voller Kopf

Journal zum Buch „Das Beste für ein starkes Ich"

Ein voller Kopf

Journal zum Buch „Das Beste für ein starkes Ich"

Deine Körpersprache

Deine Körpersprache

Ich sorge gut für mich.

Selbstliebe

Journal zum Buch „Das Beste für ein starkes Ich"

Bist du dankbar?

Journal zum Buch „Das Beste für ein starkes Ich"

Bist du dankbar?

Journal zum Buch „Das Beste für ein starkes Ich"

Grübeln

Weniger denken

Grübeln

Selbstbestimmt leben

Journal zum Buch „Das Beste für ein starkes Ich"

Selbstbestimmt leben

Journal zum Buch „Das Beste für ein starkes Ich"

Gute und schlechte Gewohnheiten

Gute und schlechte Gewohnheiten

Journal zum Buch „Das Beste für ein starkes Ich"

Wenn Kritik dich trifft

Journal zum Buch ,,Das Beste für ein starkes Ich"

Wenn Kritik dich trifft

Journal zum Buch „Das Beste für ein starkes Ich"

Dein innerer Kritiker

Dein innerer Kritiker

Du und der Perfektionismus

Du und der Perfektionismus

Journal zum Buch „Das Beste für ein starkes Ich"

Knüpfe Kontakte

50

Journal zum Buch ,,Das Beste für ein starkes Ich"

Knüpfe Kontakte

Journal zum Buch „Das Beste für ein starkes Ich"

Pflege deine Freundschaften

Mit Freunden macht alles mehr Spaß

Journal zum Buch „Das Beste für ein starkes Ich"

Pflege deine Freundschaften

Journal zum Buch „Das Beste für ein starkes Ich"

Der andere Weg ist besser.

Denk in Lösungen

Journal zum Buch ,,Das Beste für ein starkes Ich''

Denk in Lösungen

Journal zum Buch „Das Beste für ein starkes Ich"

Deine Glaubenssätze

Journal zum Buch „Das Beste für ein starkes Ich"

Deine Glaubenssätze

Versöhn dich mit der Vergangenheit

Journal zum Buch „Das Beste für ein starkes Ich"

Versöhn dich mit
der Vergangenheit

Journal zum Buch „Das Beste für ein starkes Ich"

Sag deine Meinung

Sag deine Meinung

Journal zum Buch „Das Beste für ein starkes Ich"

Probier was Neues

Journal zum Buch „Das Beste für ein starkes Ich"

Probier was Neues

Journal zum Buch „Das Beste für ein starkes Ich"

Visualisiere deine Ziele

Visualisiere deine Ziele

Finde deine Affirmationen

Finde deine
Affirmationen

Journal zum Buch ,,Das Beste für ein starkes Ich"

Journal zum Buch „Das Beste für ein starkes Ich"